Ernst Ferstl

UNTER UNS GESAGT

Aphorismen

AF235626

© 2022 Ernst Ferstl

Herstellung und Verlag: BoD – Books on Demand,

                          Norderstedt

ISBN: 9783755778035

Copyright Aphorismen: Ernst Ferstl

                          www.gedanken.at

Layout: Angelika Ferstl

Gedanken sind wie Stufen.

Sie führen nach oben

und nach unten.

~

Das Leben gibt uns manchmal

Antworten auf Fragen,

die wir gar nicht gestellt haben.

~

Die Schönheit der Natur

hat immer auch

etwas Geheimnisvolles an sich.

~

Zuneigung verkürzt den Weg

in die Nähe des anderen.

~

Toleranz

ist ein menschliches Gütezeichen.

~

Stille ist schön.

Glück ist schön.

Wie schön muss dann erst

ein stilles Glück sein?

~

Wer weniger im Kopf hat,

hat auch weniger

um die Ohren.

Auch bei der Wertschätzung
eines geschätzten Menschen
kann man sich verschätzen.

~

Für das, was man gesagt hat,
gibt es keinen Radiergummi.

~

Alles im Leben
hat zwei Seiten -
wenn man die anderen
beiseite lässt.

~

Die Ehrlichkeit formt,
Unehrlichkeit verformt.

Die Zuversicht

ist die Schwester der Hoffnung.

~

Ein Vertrauensvorschuss

muss nicht zurückgezahlt werden,

rechtfertigen genügt.

~

Retourkutschen

brauchen kein Navi –

sie kennen den Weg.

~

Wären Geschmacklosigkeiten

kalorienarm,

wären viel mehr Leute

gertenschlank.

Jedes Ende

hat als Anfang begonnen.

~

Will man das Glück pachten,

muss man es

erst einmal finden.

~

Die auf dem hohen Ross sitzen,

merken oft gar nicht,

wenn sie sich vergaloppieren.

~

Der Verzicht

auf Einfühlungsvermögen

ist bei vielen

ein gern gebrachtes Opfer.

Das Vergessen

gehört zum Lernen

wie der Schatten zum Licht.

~

Man braucht Köpfchen,

will man anderen

den Kopf waschen.

~

Eine Reihe harter Tage

macht uns härter

oder weicher.

~

Die Herdenimmunität gegenüber

dem gesunden Menschenverstand

haben wir bereits erreicht.

Das Mitdenken sollte
eine Voraussetzung
fürs Mitreden sein.

~

Der Heiligenschein
ist eine Erfindung
der Scheinheiligen.

~

Für das Selbstverständliche
ist man selbstverständlich
immer zu wenig dankbar.

~

Jeder Mensch vermag
uns viel mehr zu sagen,
als wir zu hören imstande sind.

Wer zu viel oder zu wenig
von uns hält,
kennt uns viel zu wenig.

~

Fragen, die eine bestimmte
Antwort provozieren wollen,
gehören in Frage gestellt.

~

Die Kunst der guten Ernte
ist eine Zeitfrage.

~

Anderen auf die Finger
zu schauen,
ist der beste Schutz,
ihnen nicht in die Hände zu fallen.

Der Gleichgültigkeit
sind alle Menschen gleich.

~

Ein überfülltes Leben
hat nur wenig mit einem
erfüllten Leben zu tun.

~

Wer immer unter
seinen Möglichkeiten bleibt,
wird nie über sich
hinauswachsen.

~

Wo ein Weg ist,
ist ein Ziel
nicht weit weg.

Geht man aufeinander zu,

geht man nicht mehr

aufeinander los.

~

Menschen, die sich überschätzen,

sollten wir nicht

unterschätzen.

~

5 vor 12: Bei den einen

meldet sich der Hunger,

bei anderen das Gewissen.

~

Wer groß rauskommt und groß

dasteht, ist noch lange

keine große Persönlichkeit.

Bei Alleingängen dürfen wir

nicht erwarten, dass sich alle

entgegenkommend verhalten.

~

Toleranz ohne Grenzen

ist Gleichgültigkeit.

~

Wenn wir

unsere Wurzeln pflegen,

halten wir alle Stürme

leichter aus.

~

2 Herzen lassen sich leichter

unter einen Hut bringen

als 2 Köpfe.

Wer sich immer wieder
voll verausgabt, ist irgendwann
voll leer.

~

Das Ende beginnt
mit einem Anfang.

~

Wer gezielt vorgeht,
kann sich einige Wege
sparen.

~

Gedanken,
die bleiben wollen,
sollte man nicht
vor den Kopf stoßen.

Wo es viele heilige Kühe

gibt, gibt es auch

viele Sündenböcke.

~

Nachfühlen ist schwerer

als nachdenken.

~

Ein mittelmäßiges Leben

ist gut,

eine mittelmäßige Liebe

nicht gut genug.

~

Unser Herz hat

seinen eigenen Kopf.

Der Wirkungsgrad des Glücks
hängt von der Zufriedenheit ab.

~

Die Vergangenheit
hat man dann gut geschafft,
wenn sie uns
nicht mehr einholt.

~

Wer weiß, was er sich
nicht antun will,
lebt ruhiger.

~

Manche Leute sind schon
allein durch ihre Kleinkariertheit
nicht zu übersehen.

Ein Meinungsaustausch

ist nur mit jenen möglich,

die eine eigene Meinung haben.

~

Verliert man die Geduld,

sollte man wenigstens

seine Nerven behalten.

~

Berge sollten wir erst versetzen,

wenn wir wissen,

wohin damit.

~

Wer hinter dem Mond lebt,

hat schon eine weite Reise

hinter sich.

Gutes zu tun, kommt nicht
bei allen Menschen gut an.

~

Übt man
zu viel Vor- und Rücksicht,
hat man oft nur noch
das Nachsehen.

~

Zwangsjacken, die wir uns
selber anlegen, passen uns
wie angegossen.

~

In der Schule des Lebens
lernt man auch, manche Dinge
unverrichtet zu lassen.

Steht uns ein Ziel im Weg,

sollten wir das Ziel

oder den Weg ändern.

~

Was uns am Herzen liegt,

geht uns näher,

als was wir im Kopf haben.

~

Alles ist relativ:

Mit Lichtgeschwindigkeit

könnte man

seinem Schatten entkommen.

~

Dumme Kühe lieben

den Tanz ums goldene Kalb.

Zufriedenheit

ist wie ein vorübergehend

wolkenloser Himmel.

~

Wie die Nächstenliebe

will auch die Mitfreude

geübt werden.

~

Wer sich zu lange

gehen lässt,

geht mit der Zeit im Kreis.

~

Leider sind nicht nur

die Bösen böse

und die Schlechten schlecht.

Unser Herz und unser Hirn

reden oft zu wenig

miteinander.

~

Wer gelegentlich

verrückt spielen darf,

dreht weniger oft durch.

~

Unbeliebte Zeitgenossen

eignen sich vorzüglich

zum Nächstenliebe Üben.

~

Das Geld

reicht nicht für alle,

sagen die Reichen.

Wer nichts Gutes erwartet,

wird leider selten

eines Besseren belehrt.

~

Jeder Traum

ist ein Unikat.

~

Wenn alle

in einem Boot sitzen,

wer soll dann die Wirtschaft

am Laufen halten?

~

Finanztechnisch sind billige

Ausreden mehr wert

als leere Versprechen.

Wer immer die Nase vorn

haben will, muss viele

Kopf-an-Kopf-Rennen bestreiten.

~

Ein Ziel im Auge zu haben,

kann blind machen für

viele andere Wege.

~

Dem Fortschritt

geht es nicht darum,

das Leben der Menschen

glücklicher zu machen.

~

Parteisoldaten brauchen

keine eigene Meinung.

Menschen, die uns
Aufmerksamkeit schenken,
sollten wir uns besonders gut
merken.

~

Körperliches Übergewicht
ist kein Gegengewicht
zum geistigen Untergewicht.

~

Die Wohnadresse
vieler Zurückgebliebener:
hinter dem Mond 08/15.

~

Wer einen Quatsch redet,
denkt normalerweise auch so.

Schwachköpfe kennen
den Weg des geringsten
Verstandes ganz genau.

~

Auf andere herabzusehen
ist kein Zeichen
menschlicher Größe.

~

Wer sich gut entwickelt,
lässt sich nicht so leicht
einwickeln.

~

Miteinander zu reden
fällt uns meistens leichter
als miteinander zu schweigen.

Blindes Vertrauen

geht über kurz oder lang

ins Auge.

~

Jede liebgewonnene Gewohnheit

wird mit der Zeit oberflächlich.

~

Manche Wege geht man nur,

um einer Umkehr

auszuweichen.

~

Wer sich selbstverwirklicht,

muss mit der Gefahr leben,

sich zeitweise nicht

wiederzuerkennen.

Wer uns Sand in die Augen streut,
will uns wahrscheinlich
in die Wüste schicken.

~

Zur Nächstenliebe gehört auch,
dass wir unsere Nächsten
zeitweise in Ruhe lassen.

~

Die zu viel von sich halten,
sind oft nur schwer
auszuhalten.

~

Die Achillesferse der Dummköpfe
ist nicht unten,
sondern oben.

Auf der Gewinnerseite

ist es leichter,

über seinen Schatten zu springen.

~

Auch in der Dummheit

gibt es Fortschritte.

~

Wer es versteht, die Zeit

für sich arbeiten zu lassen,

kann sich öfter

längere Pausen gönnen.

~

Naturkatastrophen

sind ein natürlicher Vorgang.

Was wir nicht lassen können,

können wir nur ganz schwer

loslassen.

~

Mich wundert, dass ich mich

über mich noch wundern kann.

~

Die Umstände zu ändern

ist umständlicher

als sich selbst.

~

Dass jemand hinter uns steht,

muss noch nichts Gutes bedeuten.

Er/Sie/Es könnte ja etwas

in der Hand haben.

Gefühlsmäßig wollen viele
ihre Gefühle lieber verstecken
als zeigen.

~

Lässt du dich lieber gehen
oder fallen?

~

Der Weg
weg von der Wegwerfgesellschaft
ist mit vielen Stolpersteinen
gepflastert.

~

Was man nicht versteht,
kann man höchstens tolerieren,
aber nicht lieben.

Gottvertrauen

ist ein wichtiger Begleitschutz

fürs ganze Leben.

~

Wird das Schweigen zu laut,

sollten wir darüber reden.

~

Eifersüchtige

sind der Sucht näher

als der Liebe.

~

Es ist bemerkenswert,

dass manche Menschen glauben,

dass man ihre Hintergedanken

nicht merkt.

Gelassenen Menschen gelingt
diese Übung besser:
Schwamm drüber!

~

Wer ein Pferd kauft,
kauft auch Pferdeäpfel.

~

Wäre das Herz ein Instrument,
wäre es wahrscheinlich
eine Orgel.

~

Ehrlichkeit
ist nicht gewinnbringend,
aber sie kann einem vieles
ersparen.

Was wir verdrängen,

ist damit noch nicht

aus der Welt geschafft.

~

Rückgratlose Menschen fallen

anderen gern in den Rücken.

~

Menschen zum Lachen zu bringen,

ist ein positives Talent,

Menschen lächerlich zu machen,

ein negatives.

~

Wege, die zum Ziel führen,

sind immer Ziel führend,

aber nicht immer wegweisend.

Manche wissen sehr viel
über andere, aber nur wenig
über sich selbst.

~

Manchen Leuten ist
für ein kurzes Vergnügen
kein Weg zu lang.

~

Mit einer großen Portion
Selbst- und Gottvertrauen
kann man dem Leben gelassener
begegnen.

~

Auch andere Wege
haben schöne Ziele.

Es geht uns derzeit,

den schlechten Umständen

entsprechend, gut.

~

Medizin Liebe:

Zu Risiken und Nebenwirkungen

fragen Sie lieber nicht!

~

Die geistige Armut nimmt

stark zu: Viele können sich

nicht einmal mehr

eine eigene Meinung leisten.

~

Wer und was lieb ist,

ist leichter zu lieben.

Bei einer großen Wahl
gewinnt meistens
das kleinere Übel.

~

Wenn Gefühle den Ton angeben,
verlieren wir unser Gefühl
für die Zeit.

~

Unsere Schwächen halten zu uns,
auch wenn wir sie nicht freundlich
behandeln.

~

Bei Halbwahrheiten genügt es
vollkommen, wenn man
mit einem Ohr zuhört.

Nur wer auf uns fliegt,

darf auch bei uns landen.

~

Es geht im Leben

auch ohne Leichtigkeit.

Nur eben schwerer.

~

Unvergessliche Augenblicke

verjähren nicht.

~

Bei manchen Leuten

hat man den Eindruck,

dass sich ihr Gehirn schon

in einem vorzeitigen Ruhestand

befindet.

Unsere Gefühle sorgen dafür,

dass sich unser Verstand

Sorgen um uns macht.

~

Was uns fassungslos macht,

ist schwer in Worte zu fassen.

~

Wenn wir nachdenken,

können wir auch aus

den Denkfehlern anderer

klug werden.

~

Wir sollten unsere Mitmenschen

nicht mehr lieben,

als ihnen lieb ist.

Unter den Jasagern

gibt es mehr Versager

als unter den Neinsagern.

~

Herzliche Menschen

öffnen ihr Herz,

herzlose verschließen es.

~

Auch die Schule der Dummheit

hat ihre Vorzugsschüler.

~

Ab einem gewissen Alter

altert man

nicht mehr so schnell.

Die Folgekosten

des Glauben-Schenkens

werden meistens unterschätzt.

~

Wer sein Leben

nicht im Griff hat,

den hat das Leben im Griff.

~

Wer seine Fühler ausstreckt,

muss gelegentlich

auch einiges einstecken.

~

Man kann sich sogar

auf dem eigenen Weg

vergehen.

Eine eigene Meinung

ist selten

eine ausgewogene.

~

Beim Denken vergleichen wir,

beim Fühlen

verinnerlichen wir.

~

Werden die Zweifel größer,

kommt die Verzweiflung

näher.

~

Die auf dem hohen Ross sitzen,

halten überhaupt nichts

vom Umsatteln.

Ein großer und durchschlagender
Erfolg ist nur die Vorderseite.

~

Ein Unentschieden
kann mehr oder weniger sein
als ein halber Sieg.

~

Wer auf großem Fuß lebt,
dem kann man leichter
etwas in die Schuhe schieben.

~

Menschen,
die uns aufziehen wollen,
gehen einem ordentlich
auf den Wecker.

Wer die Wahrheit weiß,

aber nicht wahrhaben will,

belügt sich selbst.

~

Sind Luxusprobleme

kleinere oder größere Probleme?

~

Es geht einem nicht besser

im Leben, wenn man

ein guter Mensch ist.

~

Es ist eine wichtige

menschliche Stärke,

mit seinen Schwächen

gut umgehen zu können.

Vorsicht: Kleine Sorgen
können schnell groß werden.

~

Dass Egoisten am liebsten
Selbstgespräche führen,
ist irgendwie selbstverständlich.

~

Manche reden so viel,
dass der Blödsinn,
den sie von sich geben,
gar nicht mehr auffällt.

~

Negativdenker haben immer
für sie passende Gedanken
auf Lager.

Wir sind nicht die Einzigen,
die unsere Fehler gut kennen.

~

Wer etwas durch die Blume
sagen kann, muss sich
kein Blatt vor den Mund nehmen.

~

Die auf dem hohen Ross sitzen
haben panische Angst davor,
dass wir ihnen den Laufpass
geben könnten.

~

Erfolg ist keine Glückssache,
aber oft gehört auch
eine Portion Glück dazu.

Wer Zweifel sät,

wird Verzweiflung ernten.

~

Langeweile

ist wie ein Kino

mit nur einem Film.

~

Bequeme Menschen kennen

und verwenden

nur einen einzigen Gang:

den Schongang.

~

Negativdenker wissen sich

mit positiven Aussichten

nichts anzufangen.

Überlegen

ist ein wirksames Hilfsmittel

gegen das Unterliegen.

~

In schönen Momenten

wird unser Glück spürbar.

~

Was wir

hinter uns lassen können,

ist ein wichtiger Schritt

nach vorn.

~

Liebe verschenken

ist manchmal leichter

als Liebe annehmen.

Es ist schwer,

zu Menschen zu stehen,

die leicht umfallen.

~

Der Sucht des Suchens

geht es gar nicht ums Finden.

~

Ziele, die zu nahe gesteckt sind,

können ins Auge gehen.

Ziele, die zu weit gesteckt sind,

kann man aus den Augen

verlieren.

~

Rechthaberische Menschen

sind zu Recht unbeliebt.

Will man nur sehen,

was man sehen will, muss man

gezielt wegschauen können.

~

Einstellungen lassen sich

umstellen.

~

Verleiht uns etwas/jemand Flügel,

sollten wir aufpassen,

dass wir den Boden

unter den Füßen

nicht verlieren.

~

Für Wege gibt es Wegweiser,

aber was gibt es für Ziele?

Es gibt Tage, die gehen einem
bereits beim Aufstehen
auf den Wecker.

~

Wer sich Zeit nimmt,
in freier Natur zu wandern,
wird auf Schritt und Tritt
mit Überraschungen belohnt.

~

Wer viel liebt,
erlebt mehr.

~

Die Menschlichkeit
hat kein Parteibuch.

Wenn Umwege

zielführend sind,

ist der Weg länger.

~

Mein Kompass hat

seine Suche eingestellt,

er zeigt nur noch

in deine Richtung.

~

Was man nicht kennt,

geht einem gar nicht ab.

~

Nicht alles, an das wir uns

gewöhnt haben, sollte

zu einer Gewohnheit werden.

Die Überflussgesellschaft
führt zu einem Mangel
an Fantasie.

~

Wer hat, hat genommen
oder bekommen.

~

Je mehr sich ein Ich und ein Du
anfreunden und schätzen,
desto wichtiger wird das Wir.

~

Dass wir in unserem Leben
viele Fehler machen, heißt nicht,
dass wir ein verfehltes Leben
führen würden.

Auch wenn wir nicht mehr

weiterwissen,

es geht immer weiter.

~

Wegweiser

können den Weg

nicht mitgehen.

~

Wer anderen auf die Nerven geht,

will möglicherweise

nur seine eigenen schonen.

~

Was uns nichts sagt,

geht uns nichts an.

Wer die Orientierung verliert,

findet vielleicht

einen neuen Weg.

~

Ein Selbstgespräch bringt nichts,

wenn man sich nicht

auf Augenhöhe begegnet.

~

Manchen Zeitgenossen darf

man es nicht zu leicht machen,

weil man es sonst

mit ihnen schwer hat.

~

Herzlichkeit

lässt sich nicht kopieren.

Positive Vorurteile

sind gar nicht so schlecht.

~

Wenn es um alles geht,

sollte uns kein Weg

zu lang oder zu schwer sein.

~

Wer viel denkt,

was andere denken,

hat nur wenig Platz

für die eigene Meinung.

~

Gewohnheiten

lenken unser Leben.

Was sich nicht

zur Sprache bringen lässt,

lässt sich auch nicht verschweigen.

~

Unser Herz

hat seinen eigenen Kopf.

~

Menschen, mit denen man

nichts zu tun haben will,

kennt man nur flüchtig.

~

Natürlich bleibe ich

auf dem Teppich.

Ich will ja schließlich

mit ihm fliegen.

Wenn es

um nichts mehr geht,

läuft alles wie geschmiert.

~

Jeder Mensch ist reich.

Mehr oder weniger.

~

Wer zu viel Ballast

mit sich herumschleppt,

wird nie den Gipfel der Freiheit

erreichen.

~

Es gibt Vorurteile,

die wie angegossen

zu uns passen.

Vorsichtige Menschen

lassen sich nicht gern nachsagen,

dass sie ängstlich wären.

~

Wer zufrieden ist,

kann nicht gleichzeitig

undankbar sein.

~

Glückliche Menschen

sind um eine Spur jünger,

als sie tatsächlich sind.

~

Wenn man sich

beim Warten beeilt,

dauert es noch länger.

Gedanken, die einem nicht

aus dem Kopf gehen,

gehen im Kreis.

~

Unsere Unterschiede

verbinden uns

unterschiedlich stark.

~

In der Steinzeit gab es

keine Klimaerwärmung,

weil es noch keine

Thermometer gab.

~

Ist es Zufall, dass vieles

zufälligerweise nicht passiert?

Wenn eine große Rechnung

nicht aufgeht, kann es sein,

dass man untergeht.

~

Herzlichkeit

hat immer

ein freundliches Gesicht.

~

Lässt uns jemand abblitzen,

sollte man sein Selbstbewusstsein

aufblitzen lassen.

~

Was vergangen ist,

hat keine Zukunft.

Die Anziehungskraft

eines geliebten Menschen

ist keine Schwerkraft.

~

Eine Brücke baut man nicht,

um von ihr springen

zu können.

~

Ein warmer Händedruck als Dank

ist so etwas wie eine kalte Suppe.

~

Mit Herz kann man

mehr Menschen erreichen

als mit Hirn.

Ich werde das Gefühl nicht los,

dass mich einige Gefühle

einfach nicht loslassen wollen.

~

Man kann sich auch

mit der Droge Arbeit

betäuben.

~

Arm ist,

wer nichts mehr hat,

auf das er sich freuen kann.

~

Dinge, auf die wir stehen,

liegen uns auch, weil sie uns

einfach Freude machen.

Unehrlichkeit

kann verletzen,

Ehrlichkeit auch.

~

Gleichgültigkeit

ist eine Art

bequeme Dummheit.

~

Das Suchen nach Ausreden

funktioniert problemlos –

wir üben das ja auch schließlich

Tag für Tag.

~

Wer von Plan A überzeugt ist,

hat nur den Plan A im Kopf.

Eine Überflussgesellschaft

hat leider auch Probleme

im Überfluss.

~

Bei Selbstgesprächen

sollte man

mehr zuhören als reden.

~

Unsere Einbildungskraft

ist oft stärker

als die Realität.

~

Nicht einmal die Erinnerung

kann an der Vergangenheit

etwas ändern.

Wer alles billigt,

zahlt irgendwann

ordentlich drauf.

~

Sinn ist maßvoll,

Unsinn maßlos.

~

Im Vielwollen

und Wenigkönnen

sind manche Leute

einfach nicht zu schlagen.

~

Wenn es vorne und hinten

nicht stimmt, ist der Weg

der Mitte durchaus zielführend.

Will uns jemand immer wieder

Worte in den Mund legen,

hat man schnell die Schnauze voll.

~

Wo die Dummheit

den Ton angibt,

ist das Chaos garantiert.

~

Wir tun so vieles nebenbei,

dass es uns nicht wundern darf,

dass viel danebengeht.

~

Im Namen der Tradition

werden auch Dummheiten

kultiviert.

Mit Liebe lässt sich alles

besser ertragen –

außer Lieblosigkeiten.

~

Wenn alles zur Last wird,

ist es höchste Zeit,

Ballast abzuwerfen.

~

Wer nicht dumm ist,

ist noch lange nicht gescheit.

~

Tag für Tag erfüllen

sich Wünsche,

ohne dass wir sie

uns wünschen müssen.

Die Welt der Zufriedenen

ist eine andere

als die Welt der Unzufriedenen.

~

Die Suche nach neuen Zielen

ist oft ein Ziel führender Weg.

~

Geben wir eine alte Gewohnheit

auf, warten schon

zwei neue Gewohnheiten

auf ihre Chance.

~

Für Menschen, die einem

die kalte Schulter zeigen,

kann man sich nicht erwärmen.

Ratschläge sollte man
lieber nicht beim Wort
nehmen.

~

Begründen können wir alles,
rechtfertigen nicht.

~

Wer den Fragen unserer Zeit
ausweicht,
gehört in Frage gestellt.

~

Der Zuvorkommenheit
mancher Leute entkommt man
nur durch Kopf einziehen
und Ellbogen ausfahren.

Das Mittelmaß ist
normalerweise immer maßvoll.

~

Was auf einem
anderen Blatt steht,
wird oft gar nicht gelesen.

~

Zu einer festen Verbindung
gehört auch,
dass man lockerlassen kann.

~

Muss man sich immer
zusammenreißen,
steigt die Lust,
sich gehen zu lassen.

Fällt uns etwas auf,

fällt uns sicher dazu etwas ein.

~

In puncto Schnapsideen

kann man manchen Leuten

nicht das Wasser reichen.

~

Bei Sackgassen,

die kein Ende nehmen,

bleibt als Ausweg

nur die Umkehr.

~

Menschen, die an unserer Seite

stehen, stehen nicht immer

auf unserer Seite.

Bequeme Mittelwege
können extrem langweilig
werden.

~

Genauigkeit
lässt der Fantasie
keinen Spielraum.

~

Leistungsträger
haben viele Anhänger,
aber nur wenig Freunde.

~

Gespräche, in denen man
gemeinsam Nägel mit Köpfen
macht, sind der Hammer.

Schaut man durch die Finger,

sieht man die Welt

mit anderen Augen.

~

Ist man bereits auf dem Holzweg,

kann man keine Bäume mehr

ausreißen.

~

Blitzgescheite Menschen

sollten sich mit strohdummen

lieber nicht zu eng anfreunden.

~

In unserem Kopf

sind viel mehr Gedanken,

als wir denken.

Wer eine ruhige Kugel schiebt,

schließt höchst selten

übers Ziel hinaus.

~

Wenn Pessimisten etwas

auf den Punkt bringen wollen,

wählen sie meistens

den Gefrier-Punkt.

~

Hat man zu viel um die Ohren,

überhört man die Zwischentöne.

~

Nur mit geschlossenen Augen

kann man das Gras

wachsen sehen.

Jeder Erfolg

zeigt uns auch,

wozu wir fähig sind.

~

Ein Ausweg

ist ein möglicher Weg,

aber noch keine Lösung.

~

In einer schnelllebigen Zeit

ist man schnell

zu langsam.

~

Was man nicht hat,

kann man nicht

verschenken.

Schlechte Aussichten:

Das Licht am Ende des Tunnels

muss eingespart werden.

~

Gerechtigkeit

kennt keine Gnade.

~

Ungewöhnliche Menschen

sind oft auch unbequeme

Zeitgenossen.

~

Der Einfluss auf uns selbst

wird oft überschätzt.

Die Natur

gibt immer

ihr Bestes.

~

Auch leuchtende Beispiele

werfen einen Schatten.

~

Gefühle, die nicht

erwidert werden, verändern

unsere Gefühlslage.

~

Einordnung:

Gut ist schon mal

nicht schlecht.

Die Diskrepanz zwischen
Wollen und Können kann
bis zu 100 Prozent betragen.

~

Die meisten Menschen lassen
selbstverständlich mit sich reden,
wenn man ihnen recht gibt.

~

Auch das
Zwischen-den-Zeilen-
Lesen will gelernt sein.

~

Wer in Ungnade fällt,
fällt wenigstens nicht mehr
aus allen Wolken.

Dass sich auch Pessimisten

sehr oft irren,

kann uns optimistisch stimmen.

~

Die Pflicht ruft manchmal

so laut, dass sich alle

die Ohren zuhalten.

~

Ob das Glas halb voll

oder halb leer ist, hängt

von der Durstgröße ab.

~

Gelegentlich reicht es nicht,

zu tun, was alle tun.

Was die Massen bewegt,

ist nicht automatisch

etwas Gutes.

~

Eine freundliche Verabschiedung

kann auch eine reine

Vorsichtsmaßnahme sein.

~

Vergessliche Menschen

vergessen leider auch oft,

aus ihren Fehlern zu lernen.

~

Nachdenken wirkt

wie eine Schutzimpfung

gegen Vorurteile.

Wer sich oft gehen lässt,

kommt bei den anderen

nicht gut an.

~

Zuviel grauer Alltag

färbt ab.

~

Auch wer

seinen eigenen Weg geht,

muss manchmal

die Richtung ändern

oder umkehren.

~

Wer jammert,

verzweifelt wenigstens nicht.

Früher hatte man wenigstens

noch ein schlechtes Gewissen.

~

Nicht dumm

ist noch nicht gescheit.

~

Findet man Geschmack am Leben,

kann man sich viele schöne

Momente schmecken lassen.

~

Mit falschen Vorstellungen

vom Leben ist es sehr schwer,

die richtigen Entscheidungen

zu treffen.

Wer viel zu sagen hätte,

hat oft nicht viel zu sagen.

~

Die Anpassungsfähigkeit

der Gleichgültigkeit

ist phänomenal.

~

Die sich gut verstehen,

können auch gut miteinander

reden.

~

Die besten Früchte des Lebens

wachsen auf dem Baum

der Liebe.

Gedanken

gehen in den Kopf,

Gefühle ins Herz.

~

Für Menschen,

die uns Zeit stehlen,

sollten wir uns so wenig Zeit

wie nur möglich nehmen.

~

Was sich bezahlt macht,

zählt heutzutage mehr

als was zählt.

~

Was Zukunft hat,

ist noch nicht vergangen.

Es versteht sich von selbst,

dass uns manche Zeitgenossen

nicht verstehen können.

~

Auf irgendeine Art und Weise

ist jeder Mensch

mehr oder weniger eigenartig.

~

Es ist besser, einen Vogel

zu haben als einen Schuss.

Zusatz: Manche haben beides.

~

Auch wenn in einer Beziehung

alles gut und rund läuft,

sollte man sich nicht gehen lassen.

Wer guten Mutes ist,

hat gut lachen.

~

Eine typische Zeitgeistkrankheit:

Gedankenmagersucht.

~

Es sind die paar glücklichen

und unvergesslichen Tage,

die ein besonderes Jahr

ausmachen.

~

Einem Gewissen,

das gut arbeitet, ist auch

ein schlechtes Gewissen

nicht fremd.

Überfluss mündet oft

in Verschwendung.

~

Das Gute am Holzweg:

Er ist nicht steinig.

~

Will uns jemand ein Bein

stellen, sollten wir ihm sofort

auf die Zehen steigen.

~

Wir brauchen im Leben

ein Basislager,

sonst schaffen wir

den Weg zu wichtigen Gipfeln

nicht.

Zu Menschen, die uns suchen,

finden wir schneller und leichter

Zugang.

~

Nichteinsteiger

ersparen sich das Aussteigen.

~

Wer zu oft in den Tag hineinlebt,

weiß nicht,

was dabei am Ende des Tages

herauskommt.

~

Wer abheben will,

braucht festen Boden

unter seinen Füßen.

Mit einer guten Portion
Lebensintelligenz kommt man
besser durchs Leben.

~

Manche Leute sind stolz darauf,
dass sie keine Unmenschen sind.

~

Wenn der Mantel
des Schweigens
alles zudeckt,
wird er zur Zwangsjacke.

~

Manche Leute brauchen
zum Dummstellen überhaupt kein
schauspielerisches Talent.

Manche Menschen
verlieren sehr viele Worte,
damit man sie nicht
beim Wort nehmen kann.

~

Wer Verantwortung tragen will,
muss sie auch ertragen können.

~

Die Müdigkeit des Daseins
ist kein Schlafproblem.

~

Leute, denen ihre Schadenfreude
große Freude macht,
haben höchstwahrscheinlich
einen größeren Dachschaden.

Wenn zwei Menschen nie

Meinungsverschiedenheiten

haben, hat einer von beiden

keine Meinung.

~

Eine Täuschung ist nie

ein guter Tausch.

~

Das Schwierigste

bei einer Umkehr

ist der erste Schritt.

~

Man kann es nicht jedem

recht machen, nicht einmal

sich selber.

Wer Widerstände

überwinden kann,

stärkt seine Lebenskraft.

~

Was Kopf und Kragen kostet,

ist immer zu teuer.

~

Wenn alles passen soll,

ist nichts egal.

~

Eine riesige Begeisterung,

die ganz plötzlich auftaucht,

gleicht einem Rausch.

Da hilft gelegentlich

nur eine Ausnüchterung.

Oberflächliche Freundschaften

sind nichts anderes

als Bekanntschaften.

~

In einem Kopf voller Leere

gibt es keinen Platz

für wundervolle Gedanken.

~

Es tut sehr wohl, wenn wir spüren,

dass unser Wohl

jemand am Herzen liegt.

~

Jeder Mensch hat ein Ich,

aber nicht jeder ist

ein unverwechselbares Ich.

Viele Zeitgenossen haben

nur noch ein einziges Hobby:

ihr Handy.

~

Enttäuschungen sind Türöffner

zu wichtigen Erkenntnissen.

~

Wer nicht an die Reihe

kommen will,

sollte beizeiten

aus der Reihe tanzen.

~

In einer guten Beziehung

darf man die Achtung voreinander

nie außer Acht lassen.

Negatives Denken

ist noch immer besser

als boshaftes Denken.

~

An einem Schuss Verrücktheit

ist noch niemand gestorben.

~

Menschen,

neben denen wir

menschlich wachsen können,

tun uns richtig gut.

~

Wer das Sagen hat,

lässt sich nicht gerne

etwas sagen.

Schießt man übers Ziel,

kann auch das Ziel

schuld sein.

~

Wer Verantwortung

tragen will,

sollte ihr Gewicht kennen.

~

Schöne Täuschungen

können ganz schön

ins Auge gehen.

~

Ein Lob sollte mehr sein

als eine Schmeicheleinheit.

Will man einen guten Eindruck

machen oder hinterlassen,

ist gute Laune ein guter Anfang.

~

Die gefühlte Zeit ist

etwas ganz anderes

als die gemessene.

~

Der Dummheit ist nichts zu blöd,

der Blödheit ist nichts zu dumm.

~

Menschlichkeit

wird heutzutage

viel zu billig gehandelt.

Angeberei

ist ein Schwächezeichen.

~

Den Anschluss kann man

auch verlieren,

wenn man der Zeit voraus ist.

~

Wer alles versachlichen will,

weiß sich mit Gefühlen

nichts anzufangen.

~

Über sich hinauszuwachsen

ist eine Grenzerfahrung.

Vom Umgang mit der Zeit:

verwenden statt verschwenden!

~

Wer zu viele Ziele hat,

steht sich gelegentlich

selbst im Weg.

~

Wer Wissenslücken sammelt,

hat eine riesengroße Auswahl.

~

Die meisten Grenzerfahrungen

macht man mit Nachbarn.

Was wir hinter uns haben,

ist Geschichte.

~

Will uns jemand

für dumm verkaufen,

ist es mitunter klug,

sich dumm zu stellen.

~

Manchmal glaubt man zu wissen,

wie das Leben geht.

Und dann läuft doch einiges

ganz anders.

~

Macht fühlt nicht,

Macht will dominieren.

Vordenker müssen ins Blaue
denken können.

~

Wer seine Fehler
nicht zugeben will,
sollte wenigstens nicht
mit ihnen angeben.

~

Ist man zu lange
auf dem Holzweg unterwegs,
ist irgendwann der Wurm drin.

~

Wer sich mehr Zeit
für weniger nimmt,
hat mehr davon.

Man kann selbstverständlich
nicht für alles und alle
Verständnis haben.

~

Ein Weitblick zeigt viel,
ein Tiefblick zeigt mehr.

~

Ein Wort, das bereits schwer
über die Lippen kommt,
ist nur schwer zu halten.

~

Wir verstehen immer weniger,
was vor sich geht, weil wir
mit dem Nachdenken
nicht mehr nachkommen.

Vorteile wollen

von ihren Nachteilen

nichts wissen.

~

Die viel zu sagen haben,

tun oft sehr wenig.

~

Wer oft scheitert,

kann viele Erfahrungen

sammeln.

~

Wer etwas behauptet,

sollte gegebenenfalls

auch seinen Kopf

dafür hinhalten.

Das Über-die-Stränge-Schlagen

fällt vielen leichter

als das Maßhalten.

~

Manche Leute tun uns

einen großen Gefallen,

wenn sie uns in Ruhe lassen.

~

Wenn der Genuss

zur Gewohnheit wird,

verliert er irgendwann

den Geschmack.

~

Auch Andersdenkende

gehören zu den Denkenden.

Schwarzseher

haben es immer schon

kommen sehen.

~

Die Menschen gibt es

auch in der Einzahl,

die Leute nicht.

~

Solange wir

noch auf dem Weg sind,

ist eine Umkehr möglich.

~

Was uns Angst macht,

macht uns unsicher.

Wer an sich zweifelt,

glaubt nicht

an seine Stärken.

~

Wenn zu viele Fragen

im Raum stehen,

herrscht dicke Luft.

~

Das Gewissen verweigert

jegliche Anpassung.

~

Schweigen kann eine

vielsagende Form

der Kritik sein.

Auch die Erfahrungen anderer
sollten uns zu denken geben.

~

Wir sollten in unserem Leben
auch Wege gehen,
die nicht vorgezeichnet sind.

~

Das Denken
erfordert mehr Kraft
als das Reden.

~

Um die Vielfalt unseres Lebens
erfahren zu können,
brauchen wir unser Denken
und unser Fühlen.

Unsere körperlichen Grenzen

erkennen wir deutlicher

als unsere geistigen.

~

Das Wesentliche

an einem Menschen

ist seine Persönlichkeit.

~

Gleichgültigkeit

ist kräftesparend.

~

Wer Geduld hat,

sollte trotzdem

nicht zu lange warten.

Wer noch Hoffnungen hat,

ist noch nicht verloren.

~

Der Geduldsfaden

eignet sich nicht

für ein Tauziehen.

~

Was sich sagen lässt,

lässt sich in Worte fassen.

~

Es gibt Erfahrungen, die andere

mit uns machen dürfen -

und welche, die sie mit uns

machen müssen.

Unfähigkeit schützt nicht
vor gelegentlichen Erfolgen.

~

Man kann auch Kurzweiliges
in die Länge ziehen.

~

Ein Problem, dem man
aus dem Weg gehen kann,
muss man nicht
aus dem Weg räumen.

~

Menschen, bei denen
eine Schraube locker ist,
sind meistens irgendwie
lockerer drauf.

Mit dem Zeitvertreib

sollte man es nie übertreiben.

~

Geübte Mitläufer

gehen jedes Tempo mit.

~

Wenn alles bereits

den Bach hinuntergeht,

ist es zu spät,

gegen den Strom zu schwimmen.

~

Eine Frage

sollte man erst dann

in den Raum stellen,

wenn sie wirklich sitzt.

Verschlossene Menschen
kann man höchstens
mit viel Herzlichkeit aufbrechen.

~

Auch wer das kleinere Übel wählt,
kann damit einen großen Fehler
machen.

~

Wer immer im Mittelpunkt
stehen will oder muss,
eignet sich bestens
als Zielscheibe.

~

Die Dummheit hat keinerlei
Nachwuchsprobleme.

Wer sich nach den anderen
richtet, muss ihre eingeschlagene
Richtung mitgehen.

~

Von sich auf andere oder
von anderen auf sich zu schließen,
ist oft ein Kurzschluss.

~

Mit einer Wahrheit,
die wir nicht wahrhaben wollen,
können wir uns nur schwer
anfreunden.

~

Weichheit ist eine Stärke,
die viele für eine Schwäche halten.

Menschen mit Charakter

sind berechenbar.

~

Bei manchen Menschen

lohnt sich die Mühe nicht,

sie verstehen zu wollen.

~

Die Treue

zu einer schlechten Gewohnheit

ist nichts Gutes.

~

Fürs Vormachen

braucht man mehr Fantasie

und Kreativität

als fürs Nachahmen.

Wo alles wachsen darf,

wächst auch viel Unkraut.

~

Ist keine Moral zu haben

moralischer

als eine doppelte?

~

Wer weniger denkt,

hat eine bessere

Anpassungsfähigkeit.

~

Wer neue Fehler macht,

hat hoffentlich

aus den alten

gelernt.

Was uns zu denken gibt,

schärft unser Denken.

~

Wer sich nur das Wesentliche

merken will, muss viel

vergessen können.

~

Menschen mit einem Brett

vor dem Kopf

haben immer eine prima

Schreibauflage bei sich.

~

Wer nie über sich hinauswächst,

bleibt immer unter seinen

Möglichkeiten.

Das Verlernen braucht man
nicht extra zu lernen.

~

Zählweise:
Pessimisten beginnen bei Null,
Optimisten bei Eins.

~

Die Früchte des Zeitgeistes:
Das Wissen wird immer mehr,
das Gewissen immer weniger.

~

Die meisten Luftschlösser
sind auf Wolke sieben
oder im siebenten Himmel
angesiedelt.

Wo ein lohnendes Ziel ist,

ist auch jemand

im Weg.

~

Auch was uns nicht zusagt,

sagt etwas über uns aus.

~

Wer die Beherrschung verliert,

kann zeigen, ob er

charakterfest ist.

~

Im Kopf

können wir

mehr verdrängen

als im Herzen.

Eine billige Ausrede
findet man schneller
als eine ehrliche Antwort.

~

Wer gegen alles ist,
hat gelegentlich recht.

~

Kleinkariertes Denken
will von der Vielfalt der Welt
nichts wissen.

~

Was in einem Gespräch
verschwiegen wird,
sollte man trotzdem
nicht überhören.

Ein gutes Wort,

das man fallen lässt,

geht sicher nicht kaputt.

~

Begeisterung

spricht auch mit den Augen.

~

Ein großes Lob

ist oft nur die halbe Wahrheit,

die zweite Hälfte kann man sich

ja denken.

~

Viele Menschen nehmen sich

viel zu wenig Zeit,

um aus ihren Fehlern zu lernen.

Wer denkt,

nichts ändern zu können,

sollte sein Denken ändern.

~

Langweile ist eine Art

Zeitquälerei.

~

Wer Gehör finden will,

muss sich nach

offenen Ohren

umsehen.

~

Es sind die unvergesslichen

Augenblicke, die die Lebenszeit

veredeln.

ERNST FERSTL SPRUCH-KLASSIKER:

Zeit, die wir uns nehmen,

ist Zeit, die uns etwas gibt.

Gerade weil wir alle

in einem Boot sitzen, sollten wir

froh darüber sein, dass nicht alle

auf unserer Seite stehen.

Die mit Abstand

beste Nerven-Heil-Anstalt

ist die freie Natur.

Das Gute fängt im Kopf an,

das Beste im Herzen.

Anders Denkende sind oft

ganz anders als wir denken.

BUCHTIPP

Herztöne: Gedichte und Gedanken

Ernst Ferstl, BOD 2020, Hardcover, 124 Seiten, 18 Euro, ISBN: 9783749480296

NEUE SICHTWEISE

Mit den Augen

der Hoffnung

sehen wir weiter.

Mit den Augen

des Herzens

sehen wir tiefer.

Mit den Augen

der Liebe

sehen wir weiter

und tiefer.

Menschen,

die es verstehen,

uns zu verstehen,

sind Geschenke

des Himmels.

Eine harmonische

Beziehung braucht

eine Mischung

von Geborgenheit

und Freiheit.

AKTUELLE ERNST FERSTL BÜCHER:

2014: "**Ausgedrückte Eindrücke**", BOD

2015: "**Punktgenau**", BOD

2017: "**Wenn ein Wort sitzt,
           kann man es stehen lassen**", Bellaprint V.

2018: "**Andenken**", BOD

2018: "**Denkwege**", BOD

2019: "**Denkworte**", BOD

2019: "**Übrigens**", BOD

2020: "**Standpunkte**", BOD

2020: "**Sozusagen**", BOD

2021: "**Randnotizen**", BOD

2021: "**Ansätze**", BOD

ERNST FERSTL

HP: www.gedanken.at   E-Mail: ernstferstl@aon.at

Geb. 1955 in Neunkirchen (Niederösterreich),
  lebt mit seiner Familie in Zöbern/Bucklige Welt,
  Lehrer an der HS und NMS in Krumbach,
  in Pension.

Schreibt Aphorismen, Gedichte und Kurztexte.

Veröffentlichte bisher mehr als 30 Bücher
  in österreichischen und deutschen Verlagen.